# 안녕? 중국사

## 안녕? 중국사 ❷

초판 1쇄 인쇄 2017년 5월 20일 | 초판 1쇄 발행 2017년 5월 25일
글 송민성 | 그림 이용규 | 감수 이근명(한국외대 사학과 교수) | 사진 위키미디어 공용
펴낸이 홍석 | 전무 김명희 | 편집부장 이정은 | 편집 차정민, 이선아
디자인 신영미 | 마케팅 홍성우, 이가은, 김정혜, 김정선 | 관리 최우리
펴낸곳 도서출판 풀빛 | 등록 1979년 3월 6일 제 8-24호
주소 서울 서대문구 북아현로 11가길 12 3층(북아현동, 한일빌딩)
전화 02-363-5995(영업) 02-362-8900(편집) | 팩스 02-393-3858
전자우편 kids@pulbit.co.kr | 홈페이지 www.pulbit.co.kr

ISBN 978-89-7474-388-8 74910
978-89-7474-386-4 (세트)

ⓒ 송민성, 이용규 2017

이 도서의 국립중앙도서관 출판예정시도서목록(CIP)은 서지정보유통지원시스템 홈페이지(http://seoji.nl.go.kr)와
국가자료공동목록시스템(http://www.nl.go.kr/kolisnet)에서 이용하실 수 있습니다.
(CIP제어번호:CIP2017005172)

*파본이나 잘못된 책은 구입하신 곳에서 바꿔드립니다.

| 품명 아동 도서 | 사용연령 8세 이상 |
| 제조국 대한민국 | 제조년월 2017년 5월 25일 |
| 제조자명 도서출판 풀빛 | 연락처 02-363-5995 |
| 주소 서울특별시 서대문구 북아현로 11가길 12 3층 (북아현동, 한일빌딩) | |

주의사항 종이에 베이거나 긁히지 않도록 조심하세요.
책 모서리가 날카로우니 던지거나 떨어뜨리지 마세요.
KC마크는 이 제품이 공통안전기준에 적합하였음을 의미합니다.

## 차례

등장인물 소개 ······ 6

### 1장 | 동아시아를 하나로, 수나라와 당나라 ······ 8

수나라, 중국을 잇는 물길을 내다 ······ 10
고구려와의 전쟁에서 패하다 ······ 12
번영의 기틀을 다진 당나라 ······ 16
장안, 세계적인 도시가 되다 ······ 18
**참깨비의 중국사 깊이 보기** – 당나라에서 활약한 우리 선조들 ······ 22

### 2장 | 사대부의 나라 송나라 ······ 24

수능보다 어려운 과거 시험 ······ 26
문치주의를 펼친 송나라 ······ 30
농업과 상업의 발달로 부유해지다 ······ 32
송나라의 위대한 발명품들 ······ 36
**참깨비의 중국사 깊이 보기** – 북쪽에 자리 잡은 금나라와 남쪽으로 밀려난 송나라 ······ 38

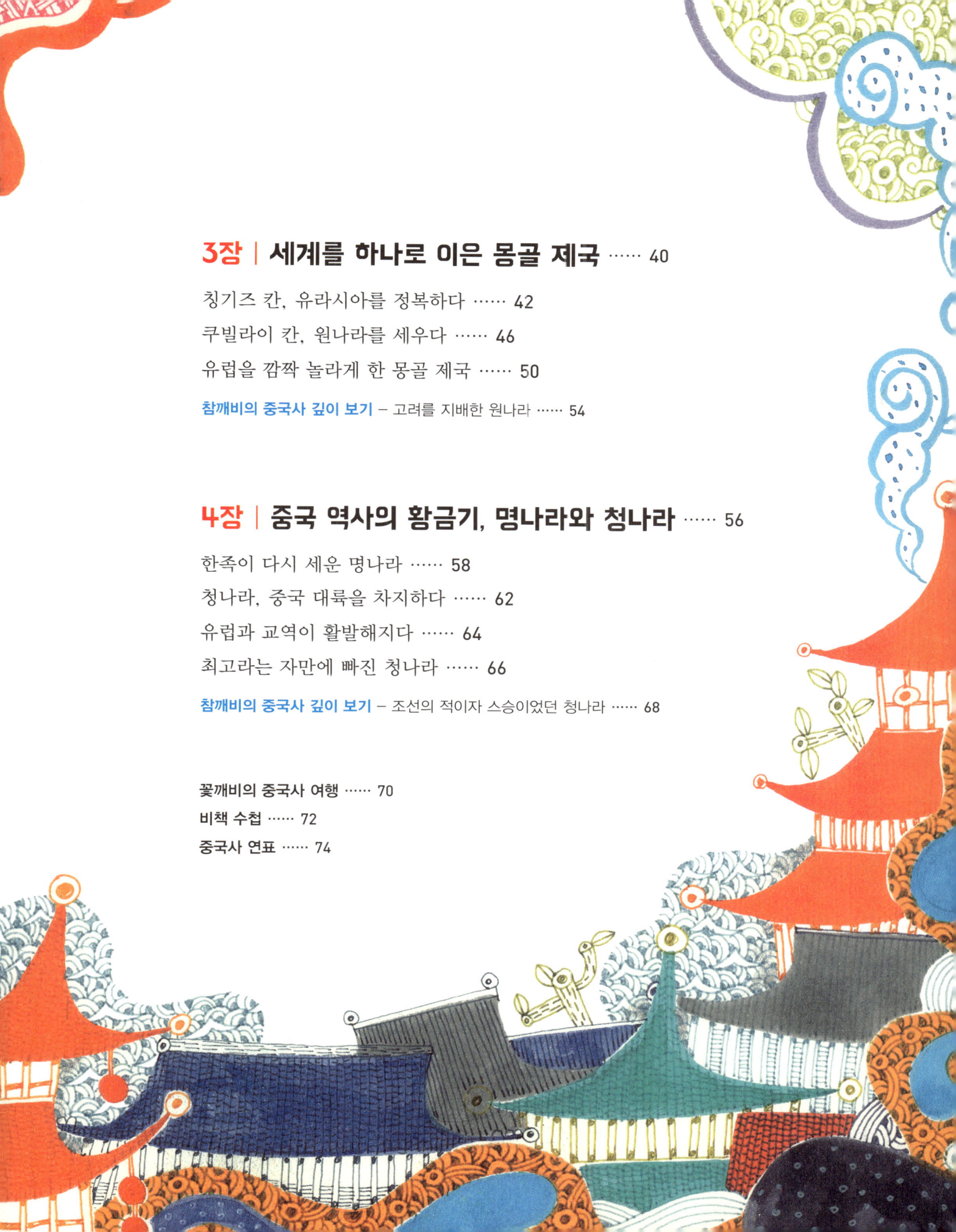

### 3장 | 세계를 하나로 이은 몽골 제국 ······ 40

칭기즈 칸, 유라시아를 정복하다 ······ 42
쿠빌라이 칸, 원나라를 세우다 ······ 46
유럽을 깜짝 놀라게 한 몽골 제국 ······ 50
**참깨비의 중국사 깊이 보기** – 고려를 지배한 원나라 ······ 54

### 4장 | 중국 역사의 황금기, 명나라와 청나라 ······ 56

한족이 다시 세운 명나라 ······ 58
청나라, 중국 대륙을 차지하다 ······ 62
유럽과 교역이 활발해지다 ······ 64
최고라는 자만에 빠진 청나라 ······ 66
**참깨비의 중국사 깊이 보기** – 조선의 적이자 스승이었던 청나라 ······ 68

**꽃깨비의 중국사 여행** ······ 70
**비책 수첩** ······ 72
**중국사 연표** ······ 74

## 등장인물

### 참깨비

똑똑하고 다부진 성격.
아는 것도 많고, 한번 들은 것은
절대 까먹지 않는다.

### 불깨비

도깨비 사 형제 중 행동 대장.
울뚝불뚝 다혈질에 용감무쌍,
말 그대로 성질이 불같다.

### 꽃깨비

도깨비 나라 최고의 미남.
세상 모든 여자가 자기를 좋아한다고 믿는
왕자병 환자다.

### 멍깨비

24시간 멍하고 졸림.
아는 게 없어 늘 질문을 하지만
대답을 듣는 순간 까먹는다.

## 옥황상제

하늘을 다스리는 신으로
도깨비 나라의 절대 권력자.
근엄하고 진지하지만
막내딸인 오방 공주에게만큼은
그 무엇이라도 내줄 수 있는
따뜻한 아버지다.

## 오방 공주

옥황상제의 막내딸로
천진난만하며 세상 걱정거리가 없다.
그러나 중국사 시험에 빵점을 맞아
난생 처음 좌절을 겪는데…….

### 송나라 소년

과거 급제를 꿈꾸며 밤 새워 공부하다
멍깨비를 만난다. 멍깨비에게 송나라에 대해
낱낱이 알려주는 고마운 친구.

### 칭기즈 칸

몽골 초원에 살던 부족들을 통일하고
몽골 제국을 세운 인물. 역사상 가장 넓은 제국을
다스린 그만의 비법이 있다는데…….

# 1장 동아시아를 하나로, 수나라와 당나라

"와하하, 신난다! 벌써 비책 수첩을 이만큼이나 채웠다니……. 이게 다 이 불깨비님의 눈부신 활약 덕분이라구!"
마치 혼자 다한 것처럼 불깨비가 까불댔어.
그러다가 다리가 꼬이면서 비책 수첩이 공중으로 떠올랐어.
하마터면 창밖으로 떨어질 뻔한 걸 간신히 꽃깨비가 낚아챘지.
"불깨비, 너 때문에 십 년 감수했잖아!
조심 좀 해!"

"헤헤, 알았어. 화내지 마. 대신 이번 시간 여행은 나부터 갈게."
불깨비가 넉살 좋게 웃으며 눈을 찡긋거렸어.
"그래? 그렇다면 당장 보내 버리자!
애 때문에 정신이 하나도 없어."
꽃깨비가 기다렸다는 듯 방망이를 휘두르며 주문을 외웠어.
"잠깐만, 마음의 준비 좀 하고……!"

## 수나라, 중국을 잇는 물길을 내다

불깨비가 떨어진 곳은 짐과 사람을 잔뜩 실은 배 위였어.
"아저씨, 이 배는 어디로 가는 거예요?"
불깨비가 땀을 뻘뻘 흘리며 노를 젓는 뱃사공에게 물었어.
"우린 강을 따라 수도 장안까지 간단다. 한 열흘쯤 걸릴 게다."
"헉, 열흘씩이나 간다고요? 무슨 강이 그렇게 길어요?"
뱃사공이 씩 웃으며 말했어.
"더 놀라운 얘길 해 주랴? 이렇게 긴 강을 사람들이
땅을 파서 만들었다고 하는구나."

"강을 일부러 만들었다고요? 왜요?"
"그거야 나라를 잘 다스리려고 그랬지."
한나라가 멸망한 후 중국은 여러 나라로 갈라져 있었는데
수나라의 첫 번째 황제 문제가 이 나라들을 통일했어.
그리고 나라 곳곳의 상황을 파악하고, 세금을 잘 걷기 위해
땅을 파서 강을 만들기로 했지. 이런 강을 운하라고 해.
"아하, 진시황이 도로를 만들고 수레의 폭을 일정하게 만든 것처럼 말이죠?"
"허허, 그렇단다. 녀석, 진시황 때 일도 알고 있다니 엄청 똑똑한걸?"
수년간의 공사 끝에 무려 2천 킬로미터에 달하는 운하가 완성됐어.
운하 덕분에 수나라는 빠르게 안정되고 부유해졌지.

엄청난 물길이에요!

## 고구려와의 전쟁에서 패하다

운하로 나라의 기반을 다진 수나라는 고구려를 공격했어.
고구려가 점점 세력을 넓히며 수나라 땅까지 넘보고 있었거든.
"용맹하기로 둘째가라면 서러운 고구려를 건드리다니, 그러다 큰코다치지!"
그런데 이게 웬걸? 수나라 장수 우문술이 쳐들어오자,
을지문덕이 이끄는 고구려군은 꽁지가 빠져라 달아나기 시작했어.
"하하, 내가 무서워 도망치는 꼴이라니!
을지문덕도 별 볼 일 없는 겁쟁이로구나."
그런데 고구려군을 쫓던 우문술은 아무래도 이상하다는 생각이 들었어.
일부러 잡힐 듯 말 듯 아슬아슬하게 도망치는 것 같았거든.
"아뿔싸, 나를 고구려 깊숙이 끌어들이려는 수작이었구나!"
우문술의 군대가 부랴부랴 말을 돌려 살수 강을 건너는 순간,
갑자기 강물이 빠르게 불어나기 시작했어.
미리 둑을 쌓아 강물을 막아 두었던 을지문덕이 둑을 무너뜨려 버린 거야.
이것이 그 이름도 유명한 살수 대첩이란다.

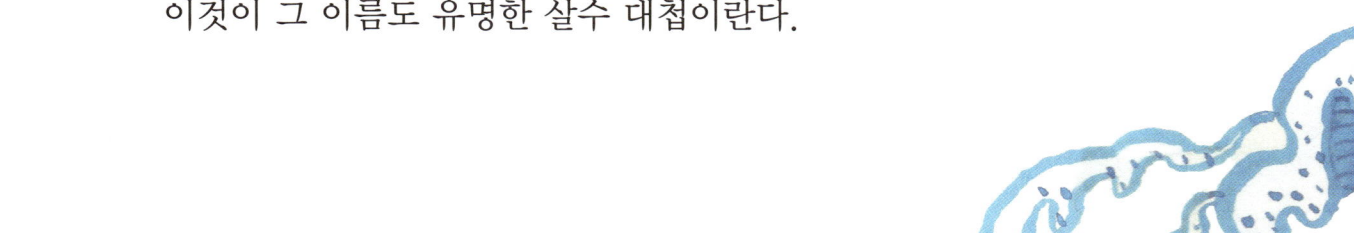

수많은 수나라 군사와 말들이 강물에 휩쓸려 목숨을 잃었어.
겨우 강을 건넌 군사들도 고구려군의 화살 세례를 받아야 했지.
수나라 군사 30만 명 중 살아 돌아간 이는
겨우 2천7백여 명뿐이었다고 해.
수나라는 모두 세 차례에 걸쳐 고구려를 공격했지만
번번이 지고 말았어.
운하를 만드느라 수많은 인력과 물자를 쓴 데다
고구려와의 전쟁에서도 잇따라 패하면서
수나라는 급격히 약해졌지.

고구려와의 전쟁으로 살기 힘들어진 백성들이
곳곳에서 반란을 일으키면서 수나라는 멸망하고 말았어.
"이렇게 빨리 망해 버리다니 허무하군."
하지만 수나라는 이후 중국 역사에 큰 영향을 미쳤어.
수나라에서 만든 운하나 과거제 같은 제도들이
뒤를 이은 여러 나라에서 활용되었거든.

망했다, 망했어!

## 번영의 기틀을 다진 당나라

수나라의 뒤를 이어 당나라가 들어섰어.
당나라는 수나라의 제도를 적극 활용해 빠르게 안정되었지.
당나라 황제들은 수나라의 법을 다듬어 법과 규칙을 만들고,
세금을 얼마나 거둬 어디에 쓸지,
잘못을 저지르면 어떤 벌을 줄지 등을 정했지.
또 수나라 때처럼 사람들에게 땅을 나눠 주고,
거기에서 나온 곡식을 세금으로 받았어.
이러한 법과 제도를 바탕으로 나라의 기틀이 다져지고,
황제의 권력이 강해진 거야.

나라 안이 안정되자 당나라 황제들은 바깥으로 눈을 돌렸어.
서쪽으로 진출해 여러 나라를 정복하고, 비단길을 차지했어.
비단길을 오가는 상인들로부터 엄청난 세금을 거두면서 더욱 부유해졌지.

그리고 신라와 손잡고 백제와 고구려를 차례로 멸망시켰어. 내친 김에 신라까지 무너뜨리려 했지만 백제와 고구려의 백성들까지 합세해 격렬히 저항하는 바람에 물러나고 말았지.
"휴우, 하마터면 우리 조상님들이 당나라 지배를 받을 뻔했네."
불깨비가 가슴을 쓸어내렸어.

## 장안, 세계적인 도시가 되다

이렇게 영토를 넓힌 당나라는 비단길을 통해 들어오는
다양한 문화를 적극적으로 받아들여 발전시켰어.
"당나라에 가면 세계 각국의 새로운 것들을 맘껏 볼 수 있대!"
많은 사람들이 당나라의 수도인 장안으로 몰려들었어.
가까운 신라와 발해, 일본은 물론이고
인도와 페르시아, 유럽사람들까지 앞다투어 장안을 찾았지.
"호오, 그렇다면 장안으로 한번 가 보실까?"
불깨비가 속으로 주문을 외우며 펄쩍 날아올랐어.

"으하하, 엄청나게 큰 도시네!"
하늘에서 장안을 내려다 본 불깨비가 입을 떡 벌렸어.
"여긴 당나라야, 유럽이야?"
장안에는 보석과 향료, 기름과 악기 등
각국의 특산물을 파는 상점이 즐비하고, 서역 사람들이 즐겨 먹는
포도주나 양꼬치를 파는 술집과 음식점도 있었어.
서역 악기를 연주하며 춤추는 광대들과 선교하러 나온 종교인들도 많았지.
"과연 세계 문화의 중심지라고 할 만하네."

당나라로 온 사람들은 이후 자기 나라로 돌아가
당나라의 문화를 퍼뜨렸어.
특히 신라와 발해, 일본은 당나라와 끊임없이 교류하며
새로운 문물과 제도를 열심히 받아들였지.

불깨비가 양꼬치를 하나 사 들고 시장 구경을 하고 있던 그때,
저쪽에서 사람들의 탄성 소리가 들렸어.
가 보니 한 광대가 입에서 불을 뿜어내고 있었지.
"에이, 저 정도 가지고 뭘."
불깨비가 숨을 가다듬고는 있는 힘껏 불을 뿜었어.
순식간에 양꼬치가 숯덩이가 되어 버렸지.
"와, 대단하다!"
사람들의 칭찬에 의기양양해진 불깨비가 연신 불을 뿜어냈어.
그때 광대가 오만상을 쓰고 성큼성큼 다가왔어.
"감히 내 장사를 방해하다니, 가만 두지 않겠다!"
"이크, 얼른 도망가야겠다. 깨비깨비 까비까비 뿅!"

참깨비의 중국사 깊이 보기

# 당나라에서 활약한 우리 선조들

## 개방적이고 관용적인 당나라

당나라에는 세계 각지의 사람들이 몰려들었어. 당나라에서는 이민족이라고 차별하거나 무시하지 않았거든. 그러다 보니 자기 나라에서 정치적, 종교적인 이유로 탄압을 받거나 실력이 있는데도 신분이 낮아 출세할 수 없는 사람들이 앞다투어 당나라로 모여들었지. 당나라는 이들을 위해 빈공과를 실시하기도 했어. 빈공과는 외국인을 위한 과거 시험이야. 나라의 관료를 뽑는 시험에 외국인도 응시할 수 있었다니 정말 파격적이지? 그만큼 당나라가 개방적이고 관용적인 나라였던 거지.

## 당나라로 유학을 떠난 최치원

우리 조상들 중에도 당나라에서 멋진 활약을 펼친 인물들이 많아. 신라 사람이었던 최치원은 6두품 출신으로 높은 관직에 오를 수가 없었어. 신라는 엄격한 신분 제도를 가지고 있었거든. 12세 나이에 당으로 유학을 떠나 6년간 열심히 공부한 끝에 빈공과에 장원 급제했어.

이듬해 소금 장수 황소가 반란을 일으키자 '토황소격문'이라는 글을 썼지. 꼿꼿하고 당찬 기상이 배어 있는 그

최치원의 초상화

의 글은 당나라 사람들을 감동시켰어. 이후 황제에게까지 재능을 인정받은 최치원은 신라로 돌아와 자신의 능력을 펼치려 했지만 6두품이라는 이유로 꿈을 접을 수밖에 없었다고 해.

## 청해진 대사, 장보고

역시 신라 사람이었던 장보고는 낮은 신분이었지만 똑똑하고 무예 실력도 출중했어. 당나라 군인이 되어서도 실력을 인정받아 고속 승진을 했지. 무관으로 승승장구하던 어느 날, 해적에게 붙들려 온 신라 사람들이 노예로 팔리는 끔찍한 모습을 목격하게 돼. 충격을 받은 장보고는 신라왕을 찾아갔어.

"제가 해적을 모조리 소탕하겠습니다! 부디 임무를 맡겨 주십시오!"

청해진 대사가 된 장보고는 약속한 대로 해적을 뿌리 뽑고 신라 사람들을 안전하게 지켜냈어. 뿐만 아니라 산둥 반도에 법화원이라는 절을 세워 당나라에 있는 신라 사람들의 마음을 위로하고, 정신적 지주 역할을 하게 했지. 이후 청해진은 장보고의 활약 덕분에 무역항으로 거듭나 중국과 일본 상인들이 드나드는 국제적인 도시가 되었어.

## 2장 사대부의 나라 송나라

"…… 그래서 내가 불을 화르륵 뿜었더니
광대 아저씨가 얼굴이 붉으락푸르락해져서는……."
시간 여행을 마치고 돌아온 불깨비가 신이 나서 떠들어댔어.
"어휴, 시끄러워. 불깨비 형은 기차 화통이라도 삶아 먹었나?
왜 이렇게 목소리가 큰 거야?"

멍깨비는 편안한 휴식을 방해하는 불깨비를
있는 힘껏 흘겨보았어.
하지만 불깨비의 수다는 끝날 줄을 몰랐어.
"안 되겠다. 이럴 바엔 시간 여행을 가는 게 낫겠어."
멍깨비는 주섬주섬 비책 수첩을 집어 들었어.
'제발 조용한 곳으로 갈 수 있으면 좋겠는데.'
멍깨비는 간절히 기도하며 주문을 외웠어.
깨비깨비!

## 수능보다 어려운
## 과거 시험

"오, 소원대로 조용한 곳으로 떨어졌다!"
멍깨비가 안도의 한숨을 내쉬는데 어디선가 낭랑한 목소리가 들려왔어.
"공자가 말하기를……."
목소리를 따라가 보니 한 소년이 열심히 공부하고 있었어.
"무슨 공부를 그렇게 열심히 해?"
"얼마 안 있으면 과거 시험이거든.
과거에 붙으려면 잠잘 시간도 아껴 가며 공부해야 해."
"헉, 잠도 안 자고 공부를 하다니 말도 안 돼."
"과거 시험을 보려면 사서오경을 달달 외워야 하거든.
이 책에 나오는 한자만 43만 자가 넘어."
어린 나이에 사서오경을 다 공부한 사람들도 있었지만
나이 지긋해서까지 공부하는 사람도 많았어.
기록에 따르면 무려 일흔다섯 살에 과거에 붙은 사람도 있었대.

과거는 붙고 싶고, 공부할 건 많으니 꼼수를 부리는 사람들도 많았어.
다른 사람 시험지를 몰래 베끼거나, 옷에다 글을 적어 왔어.
점심으로 싸온 만두나 콧구멍 속에 답안지를 넣어 오는 사람도 있었지.
"에이, 그렇게까지 해서 과거에 붙어야 돼? 나 같음 안 하고 말겠다."
"하지만 송나라에선 과거에 붙어야만 관직을 받을 수 있는걸."
예전에야 귀족 출신이면 쉽게 관료가 될 수 있었지만
송나라에서는 실력이 없으면 어림도 없게 됐지.

콧구멍 속에 넣으면 오를 거야.

과거는 수나라 때 처음 시작되었어.
하지만 수나라와 당나라에선 귀족들 눈치를 보느라
제대로 시행되질 못했지.
원래는 아버지가 높은 관직에 있으면 저절로 관료가 될 수 있었거든.
그런데 과거제가 시작되면서부터는 공부를 엄청나게 해야 했으니
귀족들이 과거제를 싫어하고 방해했던 거야.

너만 보냐? 나도 보여 줘!

## 문치주의를 펼친 송나라

송나라를 세운 조광윤은 나라를 안정시키고 황제의 힘을 키우려면
힘 있는 무신들보다는 똑똑한 문신들이 많아야 한다고 생각했어.
그래서 과감하게 모든 관료를 과거 시험으로 뽑기로 했지.
"덕분에 나 같은 가난한 집안 자손도 과거를 볼 수 있고,
실력만 있다면 얼마든지 인정받을 수 있게 됐어.
나도 꼭 과거에 급제해서 멋진 사대부가 될 거야."
소년이 동그란 눈을 반짝반짝 빛내며 말했어.
사대부는 과거를 통해 관료가 된 사람들을 말해.

사대부가 늘어나면서 무능한 귀족들은 서서히 밀려나게 됐지.
하지만 다들 글공부만 하는 통에 군사력은 점차 약해졌어.
그러다 주변 나라들이 쳐들어와서 망하면 어떡하냐고?
그럴 걱정은 없었어. 송나라만의 비법이 있었거든.

## 농업과 상업의 발달로 부유해지다

비법이란 바로 상대하기 어렵다 싶은 나라들에 엄청난 재물을 주는 것이었어.
요나라에는 매년 은 20만 냥과 비단 30만 필,
서하에는 비단 15만 필과 은 7만 냥, 녹차 3만 근, 이런 식으로 말이야.
"그렇게 많은 재물을 매년 다른 나라에게 준다고? 아이고, 아까워라!"
"괜찮아. 송나라는 굉장한 부자니까."
송나라가 부유했던 가장 큰 이유는
이전에 비해 쌀 생산량이 엄청 늘었기 때문이야.

쌀 생산량이 늘어난 데에는 몇 가지 이유가 있는데, 첫 번째는 모내기야.
모내기는 모판에다 어린 벼를 심었다가 논에다 옮겨 심는 것을 말해.
어린 벼가 모판에 있는 동안 논에다 보리를 심을 수 있거든.
한 군데 땅에 쌀과 보리를 번갈아 심는 이모작을 하게 됐으니
그만큼 수확량도 늘어난 거지.

이운 놈은 한 냥 더 주자!

두 번째는 베트남에서 들어온 점성도라는 벼야.
점성도는 거친 땅에서도 잘 자라서 쌀을 많이 수확할 수 있었어.
세 번째는 저수지와 수차 만드는 기술이 발전해서야.
저수지에 물을 모아 두면 가뭄 때도 벼가 말라 죽지 않고,
물레방아를 이용하면 산비탈에도 논을 만들 수 있어.
"우와, 정말 대단하다!"

후르룩~, 차로 바꿔 마시니 좋군!

뿐만 아니라 차나 과일, 사탕수수 등을 심는 농민들도 생겨났어.

그전에는 직접 쌀농사를 지어야만 밥을 먹을 수 있었지만

이제는 먹고살 만해져서 모두가 쌀농사를 지을 필요가 없어진 거야.

차나 과일을 쌀로 바꾸면 되니까 말이야.

농민들이 다양한 작물을 재배하게 되면서 작물을 교환하는 시장이 많아지고,

경제도 더욱 발달하게 됐어.

## 송나라의 위대한 발명품들

송나라는 농업과 상업뿐만 아니라 기술도 발달한 나라였어.
중국의 4대 발명품 중 세 가지가 이 무렵에 발명되었지.
바로 화약과 나침반, 활자 인쇄술이야.
"드르렁, 드르렁~"
소년이 말해 준 것들을 하나라도 빠뜨릴세라
비책 수첩에 열심히 적고 있는데
어디선가 우렁차게 코 고는 소리가 들렸어.
소년이 곯아떨어져 버린 거야. 공부하느라 잠을 못 잤나봐.
"뭐, 이 정도면 충분하겠지?"
멍깨비는 도깨비 방망이로 찹쌀떡을 만들어
소년의 머리맡에 두었어.
"쫀득쫀득한 찹쌀떡처럼 이번 과거에 철썩 붙길 바랄게."
깨비깨비 까비까비 뽕!

화약은 불을 붙이면 펑 하고 터지는 물질을 말해.
옛날 중국에서 약을 만들려다 우연히 발견했는데
처음에는 주로 불을 붙이거나 연기를 피우는 용도로 쓰였어.
나침반은 방향을 알려 주는 기구야.
나침반이 발명되기 전에는 해나 별, 바람으로 방향을
대강 가늠했지만, 나침반이 발명되면서
언제, 어디서나 정확한 방향을 알 수 있었지.

참깨비의 중국사 깊이 보기

# 북쪽에 자리 잡은 금나라와 남쪽으로 밀려난 송나라

### 유목민의 강자, 여진족

송나라가 학문만 중시하느라 군사력이 약해지는 동안 북방을 차지한 유목 민족들의 세력은 점점 더 강해졌어. 대표적인 나라가 여진족이었지. 여진족은 원래 거란이 세운 요나라의 지배를 받고 있었어. 요나라의 가혹한 통치에 시달리던 여진족은 자기들끼리 뭉치기 시작했어. 그중 아구타라는 인물이 여진의 부족을 모두 통일하고, 금나라를 세웠지.

금나라를 세운 아구타

금나라가 세력을 키워 가자 송나라가 먼저 손을 내밀었어. 함께 요나라를 무너뜨리자는 것이었지. 안 그래도 요나라에 대한 감정이 좋지 않던 금나라는 송나라와 함께 요나라를 공격해 멸망시켰어.

송나라는 원래 요나라를 무너뜨리고 나면 만리장성 북쪽을 내주고, 막대한 물자도 바치겠다고 약속했어. 하지만 약속을 지키지 않았어. 화가 난 금나라는 송나라를 공격해 남쪽으로 몰아냈어. 이 시기의 송나라를 남송이라고 불러. 이제 중국은 북쪽의 금나라와 남쪽의 송나라가 마주 보는 형편이 되었어. 결국 송은 북쪽을 금나라에게 빼앗기고 남중국만을 다스리게 되었지.

## 부유한 송나라

　금나라에 밀려나긴 했지만 남송은 여전히 부유했어. 강남 지역의 땅이 워낙 비옥한 데다 모내기법과 이모작이 발달하면서 농작물을 충분히 거둬들일 수 있었거든. 덕분에 서민들도 여유 있는 생활을 하게 되면서 남송에서는 서민 문화가 발달했어. 대도시에는 여러 개의 극장이 세워지고, 글을 아는 서민들이 늘어나면서 이들을 위한 쉽고 재미있는 책이 인기를 끌었어.

농사 방법을 그린 경작도

　이렇게 남송이 발전하는 동안 금나라는 갈수록 힘을 잃어 갔어. 송나라를 밀어내기는 했지만 워낙 한족의 수가 많다 보니 서서히 한족의 문화와 제도를 받아들이게 되었지. 그러면서 자연히 군사력도 약해졌어. 남송은 금나라가 약해진 틈을 타 몽골 제국과 손잡고 금나라를 공격했어. 결국 금나라는 세워진 지 120년 만에 멸망하게 돼.

　금나라를 무너뜨린 몽골 제국은 끊임없이 남송을 공격했어. 결국 남송은 몽골 제국의 끈질긴 공격 앞에 무릎을 꿇을 수밖에 없었어. 1279년 남송은 멸망했고, 송나라라는 이름은 역사 속으로 완전히 사라지게 되었단다.

송나라의 문화를 그린 풍속도

# 3장 세계를 하나로 이은 몽골 제국

"이제 참깨비 형과 꽃깨비 형이 남았네. 둘 중 누가 갈 거야?"
멍깨비의 말에 꽃깨비가 새침한 얼굴로 팔짱을 꼈어.
"나 지난번에 전쟁터로 떨어져서 엄청 고생한 거 알지?
이번엔 누가 뭐래도 조용한 곳으로 갈 거야!"
참깨비가 손가락으로 턱을 문지르며 대답했어.

"내가 예습을 해 봤는데 이번에 가야 할 곳이
역사상 세계 최대의 제국을 이루었던 몽골 제국이더라고."
'세계 최대의 제국이라면 분명 화려한 보석과
유물들도 많을 거야. 우핫, 신난다!'
꽃깨비는 잔뜩 들떠서 얼른 주문을 외웠어.
"여긴 내가 갈래! 깨비깨비!"
"어, 잠깐만!"
참깨비가 난감한 얼굴로 머리를 긁적였어.
"영토를 넓히느라 전쟁이 끊이지 않았다는 말을 해 주려고 했는데.
하여튼 성질도 급하다니까."

## 칭기즈 칸, 유라시아를 정복하다

"으아악, 이건 또 뭐야! 설마 또 전쟁터?"
눈을 뜬 꽃깨비는 달리는 말 위에 앉아 있었어.
얼른 주변을 둘러보았지만 아름다운 보석과 유물은커녕
황량한 사막만 펼쳐져 있었지.
"으아악, 싫어! 머리 다 망가진다고! 선크림도 안 바르고 왔단 말이야!"
"꼬마야, 꼭 잡거라. 안 그러면 떨어진다."
낯선 목소리에 꽃깨비가 휙 돌아보며 말했어.
"전 꼬마가 아니라 꽃깨비거든요? 근데 아저씬 누구세요?"
"난 몽골 제국의 장수다. 쿠빌라이 칸을 모시고 있지."
쿠빌라이 칸은 몽골 제국을 세운 칭기즈 칸의 손자이자 다섯 번째 칸이야.
칸은 몽골 최고의 지도자로 왕과 비슷하다고 보면 돼.

칭기즈 칸은 몽골 초원에 흩어져 살던 부족들을 통일하고 몽골 제국을 세웠어.
그리고 불과 20여 년 만에 아시아와 유럽에 걸친 대제국을 건설했지.
세계 영토의 절반을 차지한 몽골 제국은 역사상 가장 넓은 제국으로 꼽혀.

몽골 제국이 순식간에 성장할 수 있었던 건 특별한 이유가 있었어.

첫째, 몽골 족은 이동 속도가 굉장히 빨랐어.

어릴 때부터 말 타는 법을 배워 말을 굉장히 잘 타는 데다

먼 길을 떠날 때면 한 사람이 두 마리의 말을 번갈아 타며 쉬지 않고 달렸지.

속도를 높이기 위해 가벼운 옷을 입고,

식량으로는 '보르츠'라고 부르는 말린 고기만 가져갔어.

말안장 밑에 넣어 뒀다 가루가 되면 물에 타서 먹었지.

둘째, 칭기즈 칸은 정보를 잘 활용했어.

상대의 상황과 약점을 철저히 파악해 전술을 세웠고,

자신들에 대한 무서운 소문을 일부러 흘리기도 했어.

사람들을 겁에 질리게 해서 싸울 의지를 꺾어 버린 거지.

셋째, 채찍과 당근을 잘 활용해 군대를 이끌었어.

    반항하면 가차 없이 죽여 버렸지만 복종하면 백성들을 살려 주고
        그 나라의 제도와 관습도 유지할 수 있게 해 줬지.

## 쿠빌라이 칸, 원나라를 세우다

"호오, 칭기즈 칸은 정말 대단한 분이시네요?"
장수 아저씨는 자기가 칭찬을 들은 것처럼 어깨를 으쓱해 보였어.
"내가 모시는 쿠빌라이 칸 역시 뛰어난 분이시지."
"그래요? 그 쿠빌라이 칸이라는 분, 직접 만날 수 있을까요?"
"물론이지. 안 그래도 칸을 뵈러 가는 길이란다. 대신 조용히 있어야 해."
장수 아저씨는 커다란 게르 앞에 말을 세우고 꽃깨비를 내려 주었어.
게르 안으로 들어서니 온통 원 제국 깃발이 꽂혀 있는 지도가 보였어.

"얼마 전에 쿠빌라이 칸께서 남송을 멸망시키셨단다. 저게 다 우리 땅이 되었지."
장수 아저씨가 귓속말로 자랑스럽게 속삭였어.
쿠빌라이 칸은 남송을 멸망시키기 전에 이미
중국식 정치 제도를 받아들여 나라의 내실을 다졌어.
수도를 남쪽으로 옮기고, 나라 이름도 중국식 명칭인 원으로 바꾸기로 했지.
농사에 필요한 물을 편히 끌어다 쓸 수 있도록 시설을 손질했고,
백성들에게 농사 기술에 관한 책도 나눠 주었어.

뿐만 아니라 몽골 제국은 역참을 만들어 나라를 다스리는 데 활용하기도 했어.
역참은 먼 길을 오가는 사람들이 밥을 먹고 쉬어갈 수 있는 곳이야.
말과 수레도 충분히 마련되어 있어서 말을 바꿔 탈 수도 있었지.
역참에서 말을 바꿔 타며 쉬지 않고 달리면
나라 안 어디든 빠르게 갈 수 있었어.

편리하고 안전한 역참을 따라
유럽, 서아시아의 상인과 학자들이 원나라로 몰려들었어.
그러면서 시장이 발달하고, 학문과 문화 교류도 활발해졌지.
서아시아의 의학, 수학 등이 원나라로 전해지면서
원나라의 학문과 문화도 한층 발달했어.

## 유럽을 깜짝 놀라게 한 몽골 제국

몽골 제국이 등장하기 전까지 유럽과 아시아는 거의 교류가 없었어.
대부분의 유럽 사람들은 중국이라는 나라가 있다는 것조차 몰랐고,
중국 사람들 역시 유럽을 서쪽 변방의 야만족들 정도로 여겼지.
하지만 몽골 제국이 들어서면서 상황은 완전히 달라졌어.
유럽 사람들이 중국을,
중국 사람들이 유럽을 빠르게 알게 되었지.

유럽 사람들은 자신들보다 훨씬 앞선 문명을 가지고 있었던
중국을 보고 큰 충격을 받았어.
송나라 때 개발된 활자 인쇄술과 나침반은 이 시기에 유럽으로 전해져
이후 유럽 역사를 바꾸는 결정적인 역할을 하게 돼.
몽골 제국 덕분에 세계가 한층 가까워지고,
다양한 변화와 발전을 거듭하게 된 거야.

쿠빌라이 칸과 장수들의 회의가 끝나자
하인들이 음식을 가지고 들어왔어.
먹음직스러운 고기가 가득 담긴 접시와 우유가
상다리가 부러져라 차려졌지.
안 그래도 출출했던 꽃깨비는 허겁지겁 고기를 먹어 치웠어.

이게 바로 보르츠야, 먹어 봐!

"고기가 어쩜 이렇게 맛있어요? 입에 넣자마자 사르르 녹아요.
좀 더 주실 수 없나요?"
"아이고 저런, 고기는 이제 없는데…….
아, 안장 밑에 두었던 고기 가루는 좀 있는데 먹어 보련?"
고기를 볼이 터져라 우겨넣던 꽃깨비가 고개를 저었어.
"으, 엉덩이 밑에 깔렸던 고기라면 사양할래요."
울상이 된 꽃깨비는 고기를 다 삼키지도 못하고
돌아가는 주문을 외웠어.
깨비깨비 까비까비 뿅!

**참깨비의 중국사 깊이 보기**

# 고려를 지배한 몽골의 후예 원나라

## 몽골 제국의 끊임없는 침입

몽골 제국의 칼날은 고려도 피해갈 수 없었어. 몽골은 고려를 30여 년에 걸쳐 여섯 차례나 침입했어.

이 무렵 고려는 무신들이 정권을 좌지우지하며 권력 다툼을 벌이는 혼란기였어. 몽골 제국과 맞서 싸울 자신이 없었던 무신들은 수도를 강화도로 옮겼어. 강화도 주변은 물이 흐르는 속도가 빨라 배로 건너기 쉽지 않았거든. 그러니 몽골 군대가 쳐들어오기 어렵다고 판단했던 거지.

몽골 제국의 침입으로 불타 버린 황룡사 9층 목탑을 재현한 모형

하지만 강화도로 건너간 것은 일부 지배층뿐이었어. 이들이 군사들까지 데려간 탓에 백성들은 속수무책으로 당할 수밖에 없었단다. 온 나라가 황폐해지고 백성들의 삶은 피폐해졌지. 결국 백성들의 반발과 내부 분열이 일어나면서 무신 정권은 막을 내렸고, 고려는 몽골 제국의 제후국이 될 수밖에 없었어.

이 무렵 몽골 제국은 원나라로 이름을 바꾸고, 고려에 간섭하기 시작했어. 고려의 세자는 왕이 될 때까지 원나라에 인질로 붙잡혀 있었고, 반드시 원나라 공주를 부인으로 맞아야 했어. 뿐만 아니라 매년 수많은 공물을 가져가는 것은 물론 환관과 처녀들까지

억지로 끌고 갔어. 얼마나 많은 처녀들을 데려갔는지 원나라에 끌려가지 않으려고 일찍 결혼을 시키는 조혼 풍습이 생겨날 정도였지.

## 고려양과 몽골풍

원나라와 고려 사이에 문화 교류도 이루어졌어. 원나라의 족두리와 도투락댕기, 신부의 두 볼에 찍는 연지, 화약 제조 기술과 수시력, 성리학이 고려에 전해졌어. 임금의 식사를 가리키는 '수라'나 궁녀를 뜻하는 '무수리', 왕과 왕비 등에게 붙이는 '마마', 장사치나 벼슬아치처럼 사람을 뜻하는 '-치'라는 말도 모두 원나라에서 들어왔지. 소주와 설렁탕, 만두와 같은 음식도 전해졌어. 이렇게 고려에서 유행한 몽골의 풍습을 '몽골풍'이라고 해. 우리나라의 전통이라 여겼던 것들이 몽골 제국에서 넘어온 것이라고 하니 재미있지 않니?

고려의 풍습도 원나라로 많이 전해졌어. 아래가 풍성한 고려의 치마나 두루마기, 매사냥과 고려청자와 음악이 원나라에서 큰 인기를 끌었어. 떡과 인삼, 미역, 상추쌈도 고려에서 넘어간 것들이야. 이렇게 원나라에서 유행한 고려의 풍습을 '고려양'이라고 해. 이중 먹거리나 의생활과 관련된 풍습은 아직도 많이 남아 있어.

몽골 제국의 침입으로 불타고 일부 남아 있는 초조대장경

## 4장 중국 역사의 황금기, 명나라와 청나라

"아, 그러니까 누가 설명 끝나기도 전에 주문을 외우래?"
"몰라 몰라! 이게 다 참깨비 형 때문이야.
모래바람 맞아서 살결 거칠어진 것 좀 봐.
게다가 아저씨 엉덩이에 깔린 고기까지 먹을 뻔했다고!"
꽃깨비가 발을 탕탕 구르며 소리쳤어.

"그럼 다음번 시간 여행은 꽃깨비 네가 먼저 골라."
꽃깨비가 난리법석을 치자 참깨비가 꽃깨비를 달래며 말했어.
"정말? 진짜 그렇게 해 주는 거지?"
"그렇다니까."
다른 도깨비들에게도 거듭 다짐을 받고서야
꽃깨비의 화가 수그러들었어.
'언제 또 화를 낼지 모르니까 얼른 도망가야겠다!'
참깨비가 꽃깨비의 눈치를 살피며 시간 여행의 주문을 외웠어.
깨비깨비!

## 한족이 다시 세운 명나라

"얘, 넌 못 보던 앤데 누구니? 여긴 아무나 들어오면 안 돼."
참깨비의 눈이 번쩍 뜨였어. 궁녀 옷을 입은 소녀가
오방공주를 쏙 빼닮았기 때문이었지.
'헉, 오방공주가 전생에 청나라 궁녀였나?'
"아하, 너 이번에 조선에서 왔다는 사신단 하인이구나?"
"응. 청나라는 처음이라 자금성 구경을 하고 싶어서……."
"그럼 내가 궁궐 구경시켜 줄게 따라와."

소녀가 의기양양하게 앞장서며 물었어.
"자금성이 명나라 때 지어졌다는 건 알고 있지?
참, 명나라가 어떻게 세워졌는지는 알아?"
참깨비는 얼른 예습해 온 것들을 떠올리며 대답했어.
"몽골 제국의 칸들이 권력 다툼을 벌여 나라가 혼란에 빠졌잖아.
여기에 불만을 가진 백성들이 반란을 일으켰고."
반란을 일으킨 백성들은 모두 붉은 두건을 둘러
이를 홍건적의 난이라고 해.
반란을 통합한 한족 주원장이 몽골 제국을
만리장성 북쪽으로 밀어내고 명나라를 세웠어.

명의 세 번째 황제인 영락제는 만리장성 북쪽으로 밀려나고도
여전히 강성한 몽골 족을 막기 위해 만리장성을 고쳐 지었어.
오늘날 우리가 보는 만리장성은 명나라 때 고쳐 지은 것이지.
또 국력을 과시하고 황제의 권위를 높이기 위해 자금성을 짓기 시작했어.
다 짓기까지 15년이나 걸린 자금성은 축구장 열 개를 합쳐 놓은 것보다 더 넓어.
무려 800여 채의 건물 안에 약 9천 개의 방이 있다고 해.
"매일 방을 바꿔 자도 방을 다 돌려면 무려 27년이나 걸려."

"그런데 오래돼서 그런가? 걸을 때마다 끼익 끼익하는
소리가 들리는 것 같네?"
"그건 침입자를 막기 위해 일부러 소리 나는 벽돌을 깐 거야."
침입자를 막기 위한 노력은 그뿐만이 아니었어.
10미터 높이의 성벽에, 바닥은 절대 뚫을 수 없도록 벽돌을 40장이나 깔았어.
침입자가 숨지 못하도록 나무도 거의 심지 않았지.
지금까지도 세계에서 가장 큰 궁궐로 남아 있는 자금성은
청나라가 멸망할 때까지 황제의 거처로 쓰였어.

반짝 반짝!

## 청나라, 중국 대륙을 차지하다

하지만 영락제의 뒤를 이은 명의 황제들은
정치는 뒷전으로 밀어 두고, 사치와 향락만을 일삼았어.
그런 와중에 임진왜란이 터지자 조선으로 수만 명의 지원군을 보냈어.
백성들의 부담은 더욱 커져만 갔지.
"그래도 굉장히 의리 있는 나라인걸?"
"으이그, 순진하긴. 일본이 조선을 차지하고
명나라까지 쳐들어올까 봐 미리 손을 쓴 거지."

이렇게 명나라의 국력이 약해지고 있을 무렵,
여진족 누르하치가 만주 일대에 흩어져 있던 유목 민족을 통일했어.
그리고 금나라의 뒤를 잇는 후금을 세운 다음
넓고 비옥한 영토를 차지하기 위해 명나라를 공격하기 시작했지.
더욱 살기 힘들어진 명의 백성들은 곳곳에서 반란을 일으켰어.
이를 틈타 청나라로 이름을 바꾼 후금은
더욱 거세게 명나라를 공격했고, 손쉽게 중국 대륙을 차지했지.
"에고, 어부지리가 따로 없네."
청나라는 이후 100여 년간 발전을 거듭했고, 영토도 크게 넓혔어.
오늘날 중국 영토는 대부분 청나라 때의 영토를 이어 받은 거야.

## 유럽과 교역이 활발해지다

그때 어디선가 "뽀옹~!" 하는 소리가 들렸어.
소녀가 붉어진 볼을 감싸며 수줍게 웃었어.
"호호, 아까 간식으로 고구마를 먹었더니…… 미안.
유럽에서 들어온 건데 얼마나 달고 맛있는지 몰라."
이 무렵, 유럽 상인들을 통해 옥수수와 감자, 고구마 등이 중국으로 들어왔어.
이들 작물은 거친 언덕이나 모래땅에서도 잘 자랐지.
덕분에 청나라 인구는 폭발적으로 늘어났어.
인구가 많아지니 생산량이 늘어나고, 경제는 더욱 발전했지.

하지만 명과 청의 황제들은 교역을 늘릴 마음이 전혀 없었어.
물자가 풍부해 딱히 다른 나라와 교역을 할 필요가 없었거든.
"하도 사정을 하길래 우리 황제 폐하께서 하해와 같은 마음으로
광저우항 한 곳을 열어 주셨는데도 계속 저렇게 졸라 대는 거야.
교역을 늘려 달라는 거지."
조정의 통제에도 불구하고 유럽과의 교역은 점점 더 활발해졌어.
그리고 그 대가로 많은 양의 은이 들어왔지.
청나라는 갈수록 부유해져서 그야말로 황금기를 맞이하게 되었어.

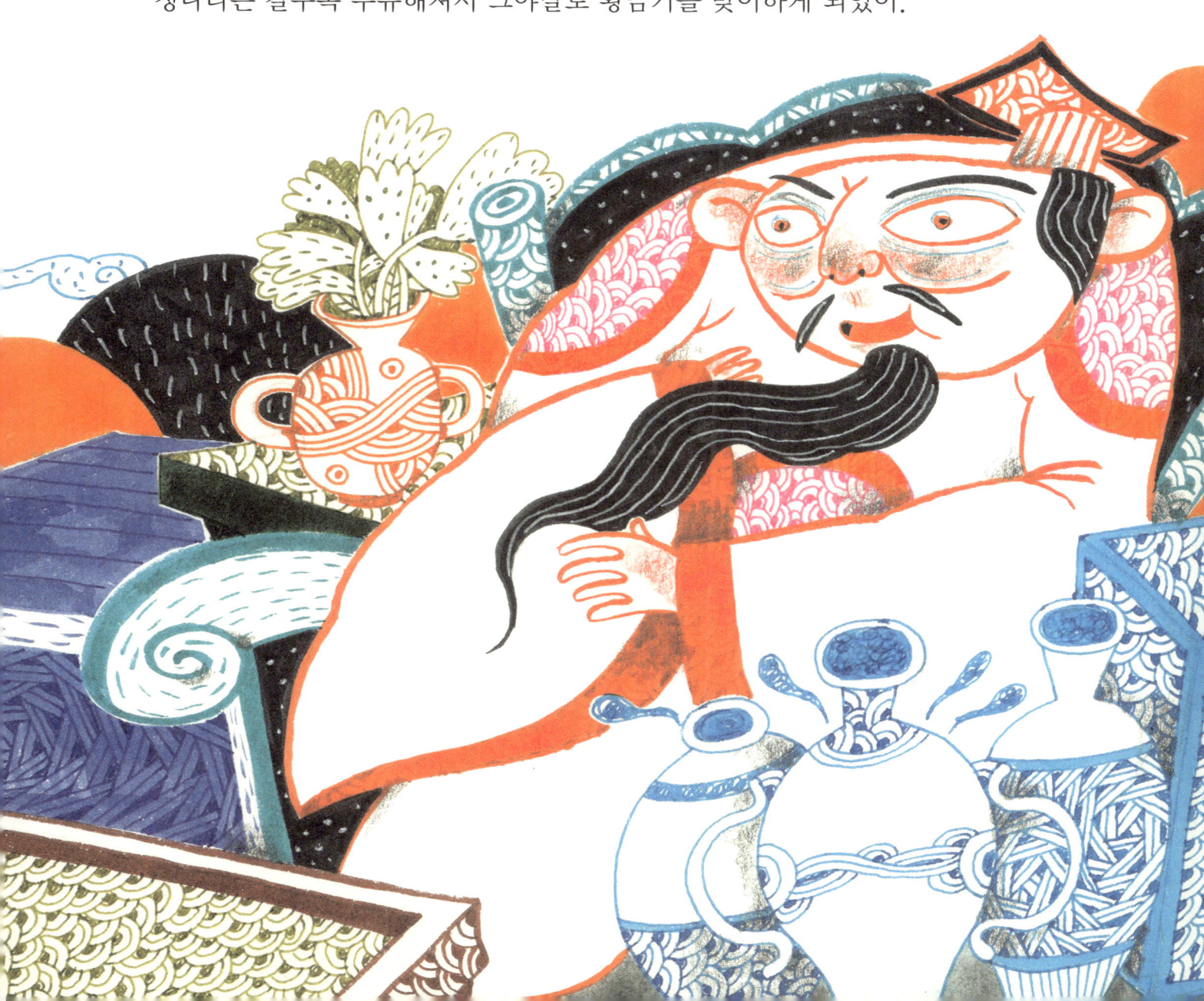

## 최고라는 자만에 빠진 청나라

"그럼 항구를 더 열면 좋은 거 아냐? 은도 더 많이 벌 수 있을 테고 말이야."
"천하의 주인인 우리 청나라가 뭐가 아쉬워서
서양 오랑캐들이랑 교역을 하겠어······."
참깨비가 역시 오랑캐 취급을 받는 조선에서 왔다는 사실을
떠올린 소녀가 미안한 듯 말끝을 흐렸어.
'하지만 다른 나라와 교류를 해야 발전할 수 있을 텐데.'
참깨비의 걱정대로 같은 시기, 유럽 여러 나라들은
중국의 앞선 문명에 자극받아 학문과 기술을 열심히 발달시키고 있었거든.

"근데 너 뭘 그렇게 열심히 적니?"

틈틈이 비책 수첩을 쓰던 참깨비가 화들짝 놀라 어색하게 웃었어.

"아, 아냐, 아무것도."

비책 수첩을 확 낚아챈 소녀의 눈이 더욱 커졌어.

"어라, 내가 말해 준 거 한 글자도 안 빼고 다 적어 놨잖아?

너 혹시 우리 황제 폐하를 해치러 온 첩자 아냐?"

"첩자라니, 말도 안 돼."

소녀는 큰 소리로 호위병을 불렀어. 창을 든 호위병들이 우르르 몰려왔어.

참깨비는 비책 수첩을 얼른 빼앗고는 돌아가는 주문을 외웠어.

깨비깨비 까비까비 뽕!

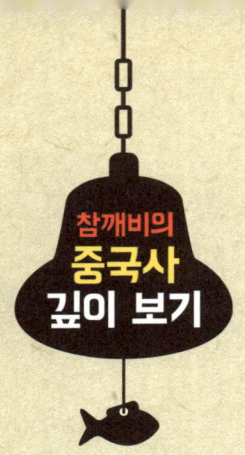

## 참깨비의 중국사 깊이 보기

# 조선의 적이자 스승이었던 청나라

### 오랑캐가 일으킨 난, 호란

후금이 세력을 키워가고 있을 무렵 조선은 인조가 다스리고 있었어. 인조는 명나라와 친하게 지내고, 후금을 멀리했지. 이런 조선이 눈엣가시였던 후금은 조선을 침략했어. 이를 정묘호란이라고 해. 후금의 군대가 단숨에 황해도까지 내려오자 겁에 질린 조선은 후금과 형제 관계를 맺기로 했어.

인조가 청나라에 항복하는 모습을 조각한 비

이후 세력을 키운 후금은 청나라로 이름을 바꾸고 이번에는 군신 관계를 맺자고 요구했어. 조선은 말도 안 되는 요구라며 거절했어. 화가 난 청나라는 다시 10만여 명의 군대를 조선으로 보내. 이를 병자호란이라고 부르지.

### 북학파의 등장

두 번의 전쟁에서 패하고 청의 신하가 되어 버린 조선은 이후 청나라에 예를 다하며 평화로운 관계를 유지했어. 많은 사신들이 청나라를 찾았지. 젊은 학자였던 박지원도

그중 한 명이었어. 청나라를 그저 '무식하고 더러운 오랑캐' 쯤으로 여겼던 박지원에게 직접 본 청나라의 모습은 충격 그 자체였어. 단단하게 지어진 벽돌집, 오물 투성이인 한양과는 달리 깨끗하게 잘 닦인 도로, 서양 선교사와 학자들이 가지고 온 책과 천리경, 자명종 등의 신기한 물건들…….

박지원은 오랑캐라도 배울 건 배워야 한다며 청의 선진 문명과 과학 기술을 받아들이자고 주장했어. 홍대용, 이덕무, 박제가 등도 뜻을 같이 했어. 이들을 북쪽의 학문을 배운다고 하여 북학파라고 불러.

북학파 학자들은 성리학에만 매달리는 양반들을 비판하며 실생활에 도움이 되는 과학과 천문학 등도 연구해야 한다고 주장했어. 그들은 천대받던 상공업을 중시하고, 양반과 평민 사이의 차별도 없애야 한다고 말했지. 이들의 주장은 당시 조선으로서는 너무 파격적이어서 받아들여지지 않았어. 하지만 북학파의 목소리는 성리학을 중심으로 똘똘 뭉친 조선 사회에 작은 틈들을 만들어 내기 시작했지.

이는 이후 개화 운동으로 이어지면서 조선에 급격한 변화를 안겨 주게 된단다.

박지원과 청나라 여행기인 열하일기

**꽃깨비의 중국사 여행**

### 자금성

자금성은 중국 최고의 궁궐이야. 자주색의 금지된 성이라는 뜻으로, 명·청 시대에 궁궐로 쓰였어. 500여 년간 일반인의 출입이 금지되었지. 지금은 고궁 박물원으로 바뀌어 해마다 수백만 명이 찾는 세계적인 관광 명소가 되었어.

### 적산법화원

산둥 반도에 있는 사찰로 장보고가 만들었어. 당나라에 살았던 신라인들의 마음의 고향이 되어 준 곳이기도 해. 법화원 안에는 있는 장보고 기념관 앞에는 높이 8m의 장보고 동상도 있어. 당나라를 호령했던 장보고의 기운이 느껴지는 것 같지 않니?

**양쯔 강**

### 시안

당나라의 수도 장안이 명나라 때 바뀐 이름으로 서쪽의 평안함이라는 뜻이야. 병마용 박물관, 대안탑, 당나라 왕실 공원이었던 화청지 등 화려한 당나라 유적지를 볼 수 있는 도시야.

### 쑤저우

항저우와 더불어 지상의 천당으로 일컬어지는 도시야. 수양제가 만든 운하가 아름답게 펼쳐진 곳이지. 수나라 때 시작된 운하는 원나라와 명나라 때 확장되어 오늘날까지 이어지고 있어. 대운하가 만들어지면서 중국은 군사적, 정치적, 경제적으로 더욱 성장할 수 있었대.

### 항저우

남송의 수도였던 곳으로 마르코 폴로가 '세계에서 가장 화려한 도시'라고 칭송한 도시야. 예술가들이 사랑했던 시후라는 큰 호수와 국보인 육화탑이 유명해. 중국 대륙을 잇는 대운하를 기념하는 징항 대운하 박물관도 있어.

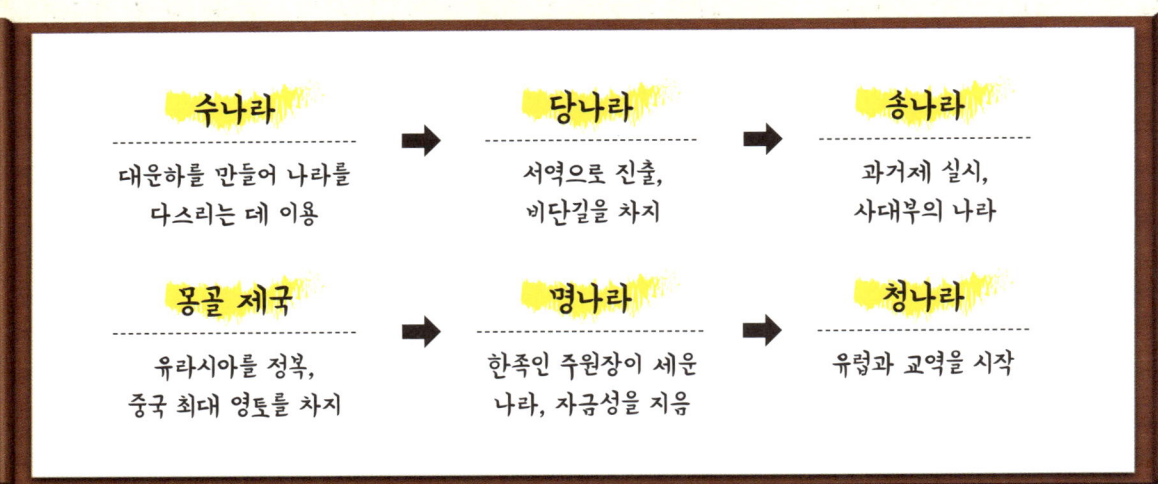

| 수나라 | 당나라 | 송나라 |
| --- | --- | --- |
| 대운하를 만들어 나라를 다스리는 데 이용 | 서역으로 진출, 비단길을 차지 | 과거제 실시, 사대부의 나라 |

| 몽골 제국 | 명나라 | 청나라 |
| --- | --- | --- |
| 유라시아를 정복, 중국 최대 영토를 차지 | 한족인 주원장이 세운 나라, 자금성을 지음 | 유럽과 교역을 시작 |

## 1. 수나라

나라 곳곳의 상황을 파악하고 세금을 잘 걷기 위해서
중국 대륙을 잇는 운하를 만들었어.
덕분에 나라는 빠르게 안정되고 부유해졌지.
그러나 전쟁에서 잇달아 패하고 국력이 약해지면서, 곳곳에 반란이 일어나 멸망하고 말았어.

## 2. 당나라

수나라의 제도를 적극 활용하여 나라를 빠르게 안정시켰어.
비단길을 통해 들어오는 다양한 문화를 받아들여 크게 발전했지.
당나라의 문물과 제도는 우리나라와 일본에 큰 영향을 주었어.

## 4. 송나라

과거제를 실시하여 사대부가 성장했어.
하지만 군사력이 약해져서 결국 몽골 제국에 멸망하고 말았어.
중국의 4대 발명품 중 3가지가 이 무렵에 발명되었는데,
화약, 나침반, 활판 인쇄술이야. 나머지 하나인 종이는 한나라 때 발명되었어.

## 5. 몽골 제국

칭기즈 칸은 이동 속도도 빠르고, 정보도 잘 활용해서 유라시아를 빠르게 정복했어.
이 무렵부터 유럽과 아시아가 서로의 존재를 알고, 교류하기 시작했지.
쿠빌라이 칸은 수도를 남쪽으로 옮기고, 나라 이름도 원으로 바꿨어.

## 6. 명나라

몽골 제국이 혼란에 빠지자 홍건적의 난이 일어났어.
이를 통합한 한족 주원장이 명나라를 세웠지.
영락제는 국력을 과시하고 황제의 권위를 높이기 위해 자금성을 짓게 했어.
만리장성도 고쳐 짓게 했지.

## 7. 청나라

명나라의 국력이 약해지자 누르하치가 유목 민족을 통일하여 청나라를 만들었어.
유럽과 교역이 이루어지고, 명나라 때 들어온 옥수수, 감자, 고구마가 널리 퍼졌어.
이 작물들은 청나라 인구가 느는 데 결정적인 역할을 했어.

# 연표

## 연대

◎ 기원전 2500년 무렵 **중국 문명의 탄생**

◎ 기원전 1600년 무렵~1050년 무렵 **상나라**

◎ 기원전 1050~770년 **주나라** (서주)

◎ 기원전 770~221년 **춘추·전국 시대** (동주)

◎ 기원전 221~206년 **진나라**

◎ 기원전 202~220년 **한나라**

◎ 221~589년 **위·진·남북조 시대**

◎ 581~618년 **수나라**

◎ 618~907년 **당나라**

◎ 960~1279년 **송나라**

◎ 1271~1368년 **원나라**

◎ 1368~1644년 **명나라**

◎ 1636~1911년 **청나라**

◎ 1912~1949년 **중화민국**

◎ 1949~ **중화 인민 공화국**

주나라 청동기

송나라 시인 황정견의 문집

송나라 도자기

한나라를 발전시킨 무제

명나라 만리장성

청나라 청자

## 이런 일이 있었단다!

589년
수나라의 문제, 중국을 통일하다

612년
수나라, 살수 대첩에서 패하다

618년
당나라가 세워지다

907년
당나라가 망하다

916년
거란족, 북쪽 중국에 요나라를 세우다

960년
조광윤 송나라를 세우다

1115년
여진족, 금나라를 세우다

1127년
송나라, 금나라에 밀려
남쪽으로 내려가다(남송)

1206년
칭기즈 칸, 몽골 제국을 건설하다

1271년
쿠빌라이 칸, 원나라를 세우다

1279년
원나라, 남송을 무너뜨리고
중국 전체를 차지하다

1351년
홍건적의 난이 일어나다

1368년
주원장, 원나라를 밀어내고
명나라를 세우다

1388년
명나라, 원나라를 완전히 무너뜨리다

1616년
중국의 마지막 왕조, 청나라가 세워지다

수나라의 문제

당나라 시대의 문화

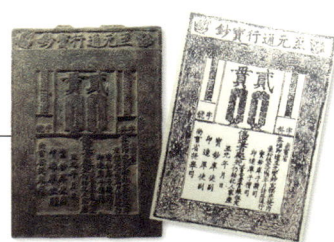
원나라의 지폐

명나라의 철포

칭기즈 칸과 몽골 제국